DAS ERTRAGSGESETZ

Abnehmender Grenzertrag nach
Ricardo und Marshall

Verfasst von Pierre Pichère
In Zusammenarbeit mit Brigitte Feys
Übersetzt von Mareike Lobeck

DAS ERTRAGSGESETZ

SCHLÜSSELINFORMATIONEN

- **Bezeichnungen:** Ertragsgesetz, Gesetz vom abnehmenden Grenzertrag
- **Anwendungsbereiche:** Betriebswirtschaft, Branchenbetrachtung, Innovationstheorie, Beobachtung der Produzentenrentenentwicklung
- **Funktionsweise:** Modell zur kurzfristigen Anwendung, das die sinnvolle Zuweisung von Produktionsfaktoren unterstützt
- **Schlüsselwörter:**
  - Kapital: Produktionsfaktor, der alles umfasst, was nicht mit menschlicher Arbeitskraft zusammenhängt (Maschinen, Bankvermögen etc.)
  - Produktionsfaktor: materielles oder immaterielles Gut, das bei der Produktion eingesetzt wird; unterschieden wird dabei zwischen Arbeit, Boden (auch Umwelt oder natürliche Ressourcen) und Kapital

- Skaleneffekt: Phänomen, bei dem aufgrund der Amortisation der anfänglichen Investition die Kosten sinken, je mehr produziert wird
- Marge: Gewinnspanne; Differenz zwischen Selbstkostenpreis und Verkaufspreis
- Mittelwert: Durchschnitt; Ergebnis des Quotienten aus der Summe der Werte aller Elemente einer Reihe und der Anzahl dieser Elemente
- Leistung: Verhältnis zwischen dem Resultat einer Tätigkeit und der dafür aufgewendeten Zeit
- Rente: Ertrag aus dem Halten von Kapital oder, nach der Theorie der Grundrente (nach David Ricardo), Ertrag, den die Besitzer der ersten produzierten Einheiten erwirtschaften, wenn der Ertrag der weiteren Einheiten abnimmt (siehe Definition)
- Arbeit: Tätigkeit eines Menschen im Tausch gegen eine Vergütung
- Grenzertrag: Zuwachs des Ertrags, der entsteht, wenn einer der Produktionsfaktoren um eine Einheit erhöht wird
- Profitrate: bei Marx das Verhältnis von Profit zum eingesetzten Kapital (Summe aus konstantem und variablen Kapital)

- ° <u>Isoquante</u>: Kurve, die alle möglichen Kombinationen der Produktionsfaktoren darstellt, die zur gleichen Produktionsmenge führen

EINLEITUNG

Aufbauend auf den Überlegungen der Wirtschaftswissenschaftler des 18. Jahrhunderts, die sich besonders mit Fragen zur Landwirtschaftserzeugung beschäftigen, entwickelt der britische Wirtschaftswissenschaftler David Ricardo (1772-1823) das Modell des Ertragsgesetzes. Dieses wurde im Laufe der Zeit weiter vertieft und ist auch noch heute aktuell.

Hintergrund

In seinem Werk *Principles of Political Economy and Taxation*[1] (1817) entwickelt David Ricardo das Gesetz des abnehmenden Ertrags. Es ist eine Weiterführung der Theorien des anglikanischen Pfarrers und Wirtschaftswissenschaftlers Thomas R. Malthus (1766-1834) und der

---

1. Auf Deutsch u. a. erschienen unter dem Titel *Über die Grundsätze der Politischen Ökonomie und der Besteuerung*. Aus dem Englischen von Heinz D. Kurz. Metropolis-Verlag: Marburg 2006.

Physiokraten (ökonomische Schule während der Aufklärung), insbesondere des französischen Staatsmanns und Wirtschaftswissenschaftlers Anne Robert Jacques Turgot (1727-1781). Laut Malthus führt der Anstieg der Bevölkerung zu einer Abnahme der verfügbaren Ressourcen, während Turgot betont, dass bei einer Erhöhung des Arbeitseinsatzes auf einer landwirtschaftlich bewirtschafteten Fläche die Erträge ab einem bestimmten Punkt nicht weiter steigen, sondern abnehmen.

GUT ZU WISSEN: PHYSIOKRATIE

Die Schule der Physiokraten (altgriechisch von *phýsis* (Natur), und *kratía* (Herrschaft)) beschäftigte sich mit der Entstehung von wirtschaftlichem Reichtum, vor allem aber mit dessen Verteilung. Die Physiokraten werden für ihre Zeit als revolutionär angesehen.

Ricardo vertieft diese Überlegungen und führt sie weiter aus. Seine Theorie wird zu einem Klassiker in den Wirtschaftswissenschaften – und zu einer der am stärksten umstrittenen. Der Schotte

Adam Smith (1723-1790), ein anderer großer Wirtschaftswissenschaftler dieser Zeit, entwickelt eine entgegengesetzte Theorie, die besagt, dass die Erträge durch Arbeitsteilung und der damit verbundenen verbesserten Produktivität gesteigert werden können.

Definition

In Anlehnung an die Wirtschaftswissenschaftler des 18. Jahrhunderts unterscheidet Ricardo zwischen drei Produktionsfaktoren: Boden (als das einzige Element, das zu jener Zeit tatsächlich Wert erzeugt), Kapital und Arbeit. Am Beispiel Boden erklärt er das Phänomen der abnehmenden Erträge: Je mehr Fläche ein Landwirt bewirtschaftet, desto niedriger ist der Ertrag jeder zusätzlichen Parzelle (Grenzertrag, das heißt der Ertrag, den die zusätzliche Parzelle im Vergleich zu den vorherigen Parzellen bringt), da die besten Böden meist als erstes bewirtschaftet wurden. Zur Bewirtschaftung wird daher mehr Arbeitskraft eingesetzt. Die Gesamtgrundrente (Gewinn, den der Bodenbesitzer erhält) steigt also mit dem Ausmaß der bearbeiteten Fläche, allerdings nicht linear, da die einzelnen Erträge abnehmen.

Das Modell wird jedoch nicht nur in der Landwirtschaft eingesetzt. Allgemein beschreibt das Ertragsgesetz, dass der Ertrag einer zusätzlichen Einheit eines Produktionsfaktors bei ansonsten gleichbleibenden Bedingungen kleiner ausfallen wird als der Ertrag der zuvor in der Produktion eingesetzten Einheiten des gleichen Faktors.

DAS ERTRAGSGESETZ IN DER THEORIE

David Ricardo wird neben Adam Smith und Thomas Malthus als einer der einflussreichsten Wirtschaftswissenschaftler der klassischen Nationalökonomie gesehen. Ricardo verfasste zahlreiche Theorien, unter anderem zum Tauschwert eines Produkts, gegen den Protektionismus (Ricardo-Modell), zum komparativen Vorteil, zum Goldstandard bei der Geldherstellung und schließlich auch zur im Folgenden besprochenen Grundrente. Im Gegensatz zu Adam Smith oder, deutlicher noch, zu Thomas Malthus versucht Ricardo dabei nicht, bestimmten Moralvorstellungen zu entsprechen. Malthus – in seiner Funktion als Pfarrer – beschreibt dagegen weniger, wie die Welt funktioniert, sondern eher, wie sie sein sollte, um den göttlichen Plan zu erfüllen.

DAVID RICARDO

Ricardo interessiert sich hauptsächlich dafür, wie Reichtum entsteht und wie dieser verteilt wird.

Zum besseren Verständnis des Ertragsgesetzes sollte berücksichtigt werden, dass dabei vom Grenzertrag ausgegangen wird (das heißt dem Ertrag einer zusätzlichen Einheit im Vergleich zu den vorangegangenen Einheiten). Das Gesetz kann zudem nur dann angewendet werden, wenn sich lediglich ein einzelner Produktionsfaktor ändert. Zu Ricardos Zeit waren die Faktoren Arbeit und Kapital nicht leicht voneinander zu trennen. In der klassischen Nationalökonomie wurde von einigen Wirtschaftswissenschaftlern – darunter insbesondere Adam Smith, David Ricardo und Karl Marx (deutscher Gesellschaftstheoretiker und Protagonist der Arbeiterbewegung, 1818-1883) – angenommen, dass hinter jedem Kapital Arbeit steht, wobei man zwischen produktiver und unproduktiver Arbeit unterscheidet. Eine Arbeit ist „produktiv", wenn sie einen Mehrwert schafft, wobei aber nicht jede Arbeit systematisch Wert erzeugt.

In Ricardos Beispiel des bewirtschafteten Bodens, für den er den Begriff der „inkorporierten Arbeit" einführt (berechnet zusätzlich die Arbeit des Arbeiters mit ein, sowie die benötigte Arbeit zur Herstellung von Maschinen und

Werkzeugen, die der Arbeiter verwendet), bestehen zwei Produktionsfaktoren: Boden und eine Zusammensetzung aus Arbeit und Kapital.

- **Abnehmender intensiver Rand**: Wird die Anzahl an Arbeits-/Kapitaleinheiten für die Bewirtschaftung einer bestimmten Bodenfläche erhöht (indem mehr Arbeitskräfte eingesetzt und das Lohnbudget entsprechend angehoben wird), steigen die Gesamtkosten der Produktion. Dies bewirkt einen starken Abfall des Grenzertrags: Die zusätzlichen Produktionseinheiten zur Bewirtschaftung des Bodens bringen weniger ein als die vorherigen. Der intensive Rand der Bewirtschaftung (das heißt der Ertrag des stärker genutzten Bodens) nimmt daher ab.
- **Abnehmender extensiver Rand**: Wird dagegen zusätzlicher Boden bewirtschaftet (daher „extensiv"), während der Arbeits-/Kapitalfaktor unverändert bleibt, müssen – auch ohne Erhöhung der Arbeitseinheiten pro Quadratmeter – mehr Arbeiter eingestellt werden. Auf einer Linie mit den Physiokraten unterstreicht Ricardo, dass die besten Böden meist als erste bestellt werden und dass

der Ertrag des zusätzlich bewirtschafteten Bodens daher niedriger ausfällt. Der extensive Rand der Bewirtschaftung ist deswegen ebenfalls abnehmend. Dabei entsteht für den Besitzer des produktivsten Bodens eine Rente – zentrales Phänomen des ricardianischen Ansatzes. Während diese Rente von den Physiokraten und Adam Smith schlicht als Ergebnis der Bodenfruchtbarkeit geschätzt wird, sieht Ricardo darin eher ein Phänomen der Seltenheit guter Böden. Die Rente stellt damit einen Vorteil für den Besitzer der besten Böden dar, ohne dass dieser etwas dazu tun muss.

So stehen der intensive und extensive Rand miteinander im Zusammenhang. Ein Landwirt intensiviert die Bewirtschaftung seiner Böden nach und nach (dabei verändert sich der intensive Rand). Hat der Ertrag der bewirtschafteten Einheiten zu stark abgenommen, beginnt er mit der Bestellung neuer Böden (dabei verändert sich der extensive Rand). Ihr anfänglicher Ertrag ist vermutlich bereits geringer als der der ersten Flächen, in jedem Fall wird auch er mit der Zeit noch weiter abnehmen. Da die Anzahl der bestellbaren Böden begrenzt ist, ist in der Landwirtschaft generell eine Tendenz der sinkenden Bodenerträge zu verzeichnen. Hinzu kommt, dass Bevölkerungswachstum, neben einer Verminderung der verfügbaren Ressourcen und einem Rückgang der nationalen Produktivität ebenfalls eine Abnahme der Erträge bewirken und damit sogar die Wirtschaft eines ganzen Landes lahmlegen könnte.

Um dies zu verhindern, wird meist mittels Innovation eingegriffen – in der Landwirtschaft kann es sich dabei etwa um Maschinen oder Produkte wie Dünger, aber ebenso um neue Prozesse wie die heute stark umstrittene Gentechnik handeln. Diese verbessern den Ertrag des Bodens, indem die Kosten gesenkt werden und der natürlichen Tendenz der abnehmenden Erträge entgegengewirkl wird. Es ist laut Ricardo unerlässlich, nicht nur den technischen Fortschritt zu unterstützen, um die Erträge entsprechend der Nachfrage zu erhöhen, sondern sich zudem auf den Tätigkeitsbereich zu spezialisieren, in dem man am produktivsten ist (vgl. Ricardos Theorie des komparativen Vorteils).

Als großer Verfechter des Freihandels entwickelt Ricardo außerdem die Theorie des komparativen Vorteils. In einer geschlossenen Volkswirtschaft muss ein Land all das produzieren, was es selbst benötigt, da die hohen Handelsbarrieren Importe enorm kostspielig machen. Wenn sich die Wirtschaft dagegen dem internationalen Handel öffnet, kann jeder Staat die Güter produzieren, für die er einen komparativen Vorteil hält (zum Beispiel qualifiziertere Arbeitskraft, modernere Maschinen, landwirtschaftlich besser geeignetes Klima bzw. Böden), und die Produkte importieren, die er nicht weiter produziert, weil andere Staaten dies besser bzw. zu niedrigeren Kosten tun. Verfechter des Freihandels, wie z. B. die Welthandelsorganisation (WTO), stützen sich noch heute auf diese Theorie.

Würde sich das Ertragsgesetz lediglich auf Landwirtschaft beziehen, wäre Ricardo wohl zu einer Koryphäe der Agrarwissenschaften geworden. In seinem Werk dient Landwirtschaft jedoch nur als ein Beispiel, Ricardos übergeordnetes Ziel war es dagegen, ein allgemeingültiges Wirtschaftsgesetz zu formulieren, das auf alle Branchen angewandt werden kann.

ALFRED MARSHALL

Der britische Wirtschaftswissenschaftler Alfred Marshall (1842-1924) zeigt, dass das Gesetz nicht nur auf die Landwirtschaft angewandt werden kann. Es gilt ebenso für eine andere Nutzung des Bodens, nämlich im Baugewerbe. Die am besten zu bebauenden Flächen (in einem sinnvollen Abstand zu Flüssen, nicht überflutungsgefährdet, stabil, mit angenehmer Sicht etc.) werden als erstes verwendet. Anschließend werden immer weniger geeignete Flächen bebaut.

Marshall versucht, das Ertragsgesetz außerdem auf alle weiteren Branchen anzuwenden. Er betrachtet beispielsweise ein fiktives Produktionsunternehmen mit drei Pressen. Um den Profit zu steigern, werden die Taktzeiten verringert, die Arbeitszeiten erhöht etc. Diese Veränderungen führen jedoch zu einem konstanten Anstieg der Kosten, weswegen es ab einem bestimmten Zeitpunkt wirtschaftlich sinnvoller wird, eine vierte Maschine anzuschaffen. Da die allgemeinen Lohnkosten inzwischen gestiegen sind – das Beispiel entstand vor der Zeit von Automatisierung oder Verlagerung ins Ausland –, wird der Grenzertrag der vierten Presse zwangsläufig niedriger sein als die der drei ersten. Marshall spricht hier von einer „Quasi-Rente", um den Ertrag der ersten Maschinen zu bezeichnen. Die Funktion ist dabei ähnlich der Grundrente bei Ricardo. Wie in der folgenden Grafik zu sehen, stellt Marshall das Gesetz des abnehmenden Grenzertrags in der Industrie als globaleren Ablauf dar: Dank der Proportionalität der Erträge können eine Wachstums- und eine anschließende Abnahmephase der Erträge definiert werden. Es gibt daher einen Wendepunkt, ab welchem der Erwerb einer zusätzlichen Einheit nicht mehr länger eine Steigerung, sondern einen Rückgang der Produktivität bedeutet.

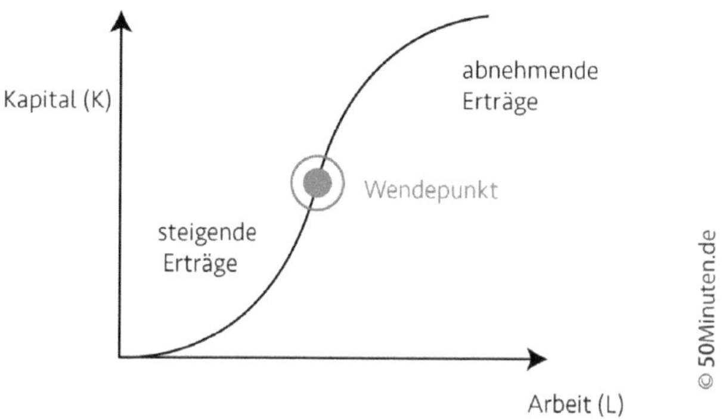

Steigende und abnehmende Erträge

ABNEHMENDE ERTRÄGE HEUTE

Heutzutage gilt der Boden nicht mehr als Produktionsfaktor, Arbeit und Kapital wurden inzwischen hingegen weit stärker differenziert als in der Zeit von Ricardo und Smith. Das Gesetz der abnehmenden Grenzerträge lautet daher heute: Bei einem gegebenen Produktionsniveau der Produktionsfaktoren lässt die Erhöhung eines einzelnen dieser Faktoren (Arbeit oder Kapital) die Produktion lediglich in immer geringerem Maß ansteigen.

DAS ERTRAGSGESETZ: SCHWÄCHEN UND ERGÄNZUNGEN

SCHWÄCHEN UND KRITIK

Mit seinem Gesetz der abnehmenden Grenzerträge scheint Ricardo genau das Gegenteil von Smith zu behaupten. Dieser zeigt in seinem Werk *Der Wohlstand der Nationen*[1] (1776) nämlich den Effekt der steigenden Erträge. Auf den Theorien des britischen Wirtschaftswissenschaftlers Richard Cantillon (1680-1734) und des französischen Wirtschaftswissenschaftlers Pierre Le Pesant de Boisguilbert (1646-1714) aufbauend vertritt Smith die Meinung, dass Arbeitsteilung zu Produktionsgewinnen – auch Skalenerträge genannt – führt, wodurch die Erträge immer weiter erhöht werden können. Das bekannteste seiner

---

1. Im Original: *An Inquiry into the Nature and Causes of the Wealth of Nations.*

Beispiele beschreibt eine Stecknadelfabrik. Durch die Spezialisierung der Arbeiter auf einen von 18 Arbeitsschritten kann jeder Arbeiter 4.800 Stecknadeln pro Tag produzieren, während bei Ausführung aller Schritte durch eine einzelne Person gerade einmal 20 Stecknadeln pro Tag hergestellt werden. Durch die Arbeitsteilung verbessern sich die Fertigkeiten der Arbeiter und man spart Zeit. Außerdem werden so die Entwicklung neuer Maschinen und die Entstehung komplett neuer Branchen unter-stützt (bspw. Unternehmensdienstleistungen, Robotik, moderne Logistik etc.).

Der scheinbare Gegensatz zwischen Smiths und Ricardos Theorien kann jedoch umgangen werden, da Ricardos Modell Arbeitsteilung keineswegs ausschließt, sondern lediglich den Ablauf innerhalb eines festen Rahmens beschreibt. Sobald die Fertigungsarbeit der Stecknadeln in 18 Arbeitsschritte aufgeteilt wurde, wird die Einstellung zusätzlicher Arbeiter zu abnehmenden Grenzerträgen führen. Nur durch die Erfindung einer neuen Maschine oder eine weitere Arbeitsteilung können die Erträge erneut steigen. Marshall hat dies in seiner

Theorie zu nicht-homogenen Erträgen wiederge-
geben. Zunächst steigen diese dank technischer
Fortschritte und Arbeitsteilung an, schließlich
nehmen sie aber wieder ab – was mit Ricardos
Prognose übereinstimmt.

Marx, dem Ricardos Theorien wohlbekannt waren,
entwickelt wiederum das Gesetz des tendenziellen
Falls der Profitrate, das auf dem abnehmenden
Grenzertrag aufbaut. Marx betont, dass bei
erbitterter Konkurrenz zwischen kapitalistischen
Unternehmen die Rentabilität der Profitrate
unweigerlich abnimmt. Die Theorie der abnehmenden Grenzerträge dient Marx also als radikale Kritik
am Kapitalismus, welcher die Menschen von den
Ergebnissen ihrer Arbeit entfremde, und wird dem-
entsprechend von den Verteidigern des kapitalistischen Systems zurückgewiesen. Die Hypothese des
tendenziellen Falls der Profitrate wird zudem durch
die Innovationskraft widerlegt, die die verschie-
denen Wirtschaftsakteure immer wieder unter
Beweis stellen. Marx' Theorie ist jedoch weit von
Ricardos Absichten entfernt, der mit seiner Theorie
längst nicht die Wirtschaftsordnung kritisieren,
sondern vielmehr ein Produktionsphänomen be-
schreiben wollte.

Viele Wirtschaftswissenschaftler sehen das Ertragsgesetz heute als interessantes Modell für die Betrachtung von kurzzeitigen Entwicklungen bei gegebenem Produktionsrahmen. Innovationen im Bereich des Managements und der Technologie ermöglichen jedoch glücklicherweise den Übergang vom Stadium der abnehmenden Grenzerträge zum Stadium der steigenden Grenzerträge. Auf der Suche nach neuen Möglichkeiten, die Erträge weiter auszudehnen, bewegen sich Unternehmen allerdings immer an der Grenze zum Unbekannten – und riskieren damit stets, dass sich ihre Erträge doch noch nach und nach verringern.

ERGÄNZUNGEN UND VERWANDTE MODELLE

Skalenerträge

Das Modell der abnehmenden Grenzerträge betrachtet ausschließlich die Veränderung einzelner Produktionsfaktoren. Marshall gab allerdings den Anstoß, ebenfalls die gemeinsame Veränderung aller Produktionsfaktoren zu untersuchen. Skalenerträge geben die Rate an, in der effizienter produziert werden kann (mit weniger Aufwand mehr produzieren), indem die Produktionsfaktoren erhöht werden.

- Die Erträge steigen, solange der Prozentsatz des zusätzlichen Gewinns (y) größer ist als die prozentualen Kosten für die Erhöhung der zwei Faktoren (x). Unternehmenswachstum führt wiederum zu verbesserter Technik, während die Arbeitsbedingungen wahrscheinlich qualifiziertere Arbeiter anziehen werden: $y > x$.
- Die Erträge beginnen aufgrund von unternehmensinternen Effekten abzunehmen (Probleme der Unternehmensorganisation: bspw. wachsende Anzahl an Mitarbeitern). Die Führung von großen Unternehmen ist schwieriger als die von kleinen: Verwaltung und Kommunikation werden komplexer, die Mitarbeiter sind auf zahlreiche Abteilungen verteilt, häufig zusätzlich auch räumlich weit voneinander entfernt, so dass ihre Ziele oftmals nicht mit denen der Unternehmensführung übereinstimmen, umso weniger, wenn das Unternehmen von einer internationalen Gruppe oder einer Holding aufgekauft wurde: $y < x$.

Die Theorie ermöglicht, die Unternehmensgröße zu optimieren sowie die Leistung zu maximieren: Steigende Erträge ($y > x$) für geringe Quantitäten (bei nicht vollständiger Kapazitätsauslastung) werden konstant ($y = x$) und nehmen bei großen Quantitäten ($y < x$) schließlich ab. Bei Überlastung (zu hoher Produktionsrhythmus, Lagerprobleme etc.) kommt es zur Stagnation, wodurch auf lange Sicht wiederum die Erträge abnehmen.

Isoquanten

Ein weiteres verwandtes Modell ist das von dem amerikanischen Mathematiker Charles Cobb (1875-1949) und dem amerikanischen Wirtschaftswissenschaftler Paul Douglas (1892-1976) in der Betriebswirtschaftslehre entwickelte Modell der Isoquanten (Kurven). Es beschreibt bei einer gegebenen Anzahl an Faktoren alle optimalen Kombinationen für die besten Erträge bei gleichem Produktionsniveau. Cobb und Douglas zeigen mit ihrer Analyse der Beziehungen zwischen den Produktionsfaktoren (Arbeits- und Kapitaleinsatz), dass diese austauschbar sind.

Sie stellen die sogenannte Cobb-Douglas-Produktionsfunktion auf: $Y = c * K^{\alpha} * L^{\beta}$. Y steht dabei für das Produktionsniveau, K für das Kapital, L für die Arbeit (*labour*) und c, α und β sind technologieabhängige Parameter.

DAS ERTRAGSGESETZ IN DER PRAXIS

In der Betriebswirtschaftslehre, die das Handeln von Unternehmen aus wirtschaftswissenschaftlicher Perspektive betrachtet, findet das von Ricardo entwickelte und von Marshall erweiterte Modell der abnehmenden Grenzerträge seit geraumer Zeit begeisterte Anwendung.

Auch für Unternehmensführer kann das Ertragsgesetz äußerst interessant sein. Wird ein Produktionsfaktor stabil gehalten und ein anderer verändert, lässt sich so feststellen:

- bis zu welchem Moment Profit gemacht wird
- ab welchem Moment die Kosten einer zusätzlichen Einheit ihren Gewinn übersteigen (diese entspricht dann der „Grenzeinheit")

ZUNÄCHST STEIGENDE, DANN ABNEHMENDE ERTRÄGE

Marshalls Theorie erleichtert das Verständnis des Modells: Verändert sich ein Produktionsfaktor, dann wachsen die Erträge. Je weiter der Faktor ansteigt, desto langsamer wachsen die Erträge, bis ein Gleichgewicht erreicht wird, ab dem die Erträge dann schließlich abnehmen.

Dies kann am Beispiel von Smiths Stecknadelfabrik veranschaulicht werden. Solange der maximale Produktionsrhythmus nicht erreicht ist, steigen die Erträge durch die Einstellung zusätzlicher Arbeitskräfte. Bei der Einführung einer Nachtschicht ändert sich der Ertrag dann nicht, außer dass die intensivere Auslastung der Maschine deren Lebenserwartung verkürzt. Doch sobald eine massive Einstellungswelle die Lohnkosten ansteigen lässt oder alle Teams von nun an schlechtere Arbeit liefern, weil sie durch die Anwesenheit der jeweils anderen gestört werden oder weil die Organisation entsprechend schlechter funktioniert bzw. zu langsam ist, nehmen die Erträge ab.

Welcher Faktor ändert sich?

In den besprochenen Beispielen der industriellen Fertigungsbetriebe stellt *Arbeit* den variablen Faktor dar, da die Kosten für eine zusätzliche Arbeitsstunde niedriger sind als die Anschaffungskosten für eine Maschine. In Dienstleistungsunternehmen

(z. B. Beratungen) und ganz allgemein auch in den modernen Wirtschaftssystemen der westlichen Welt (wo die Arbeitskosten aufgrund der Sozialleistungen entsprechend hoch sind) muss dies jedoch nicht der Fall sein. Die Kosten für moderne Geräte wie Computer oder Roboter sind heute relativ moderat, sodass Unternehmen häufig dazu tendieren, zunächst den *Kapital*-Faktor zu verändern und erst dann zusätzliche Mitarbeiter einzustellen, wenn die Grenzerträge des Kapitals abnehmen. Diese Tendenz wird sicherlich durch den Arbeitnehmerschutz verstärkt, der dazu führt, dass der Faktor *Arbeit* weniger beweglich ist als der Faktor *Kapital*. Auch eine ausschließliche Betrachtung der Produktivität bestätigt die Theorie. Ausgehend von einer „Talentbase" (bei der Kompetenzmanagement, gesellschaftliche Verantwortung des Unternehmens etc. miteinbezogen werden) könnten jedoch ganz neue Perspektiven gewonnen werden, die von der heutigen Wirtschaft sicherlich begrüßt würden.

Marge und Mittelwert

Für die korrekte Anwendung des Gesetzes des abnehmenden Grenzertrags ist es wichtig, sich den Unterschied zwischen durchschnittlicher und Grenzproduktivität bewusst zu machen:

- Die **durchschnittliche Produktivität** bezeichnet die Erträge aller Einheiten des untersuchten Produktionsfaktors. Sie gibt also keinerlei Aufschluss darüber, ob dem einen oder anderen Faktor eine weitere Einheit hinzugefügt werden sollte.
- Die **Grenzproduktivität** beschreibt wiederum genau den zusätzlichen Ertrag, den eine zusätzliche Einheit bringt.

Diese Unterscheidung ist wichtig, da die durchschnittliche Produktivität durchaus weiter ansteigen kann, während die Grenzproduktivität bereits abnimmt. Als Beispiel diene ein Supermarkt, der die Anzahl an Kunden zählt, die pro Stunde zur Kasse gehen. Er beginnt mit einer Kasse, wo in der Stunde 10 Kunden bedient werden, und nimmt dann eine zweite Kasse in Betrieb, an der 12 Kunden bedient werden, während es an der ersten Kasse weiterhin 10 Kunden sind. Der Grenzertrag der zweiten Kasse steigt also, da er höher als für die erste Kasse ist. Die durchschnittliche Produktivität ist ebenfalls gestiegen: Der Supermarkt steigert die Anzahl bedienter Kunden von durchschnittlichen 10 Kunden pro Stunde bei einer Kasse zu durchschnittlich 11 mit zwei Kassen.

Aufgrund dieses positiven Ergebnisses baut der Supermarkt um und öffnet eine dritte Kasse. An den ersten zwei Kassen bleibt die Anzahl der bedienten Kunden bestehen, während an der dritten lediglich 11 Kunden pro Stunde bedient werden. Die durchschnittliche Produktivität bleibt also unverändert gegenüber dem Ergebnis bei zwei Kassen. Dieser Faktor reicht daher nicht mehr aus, um die Erträge der Kassen positiv zu beeinflussen. Der Durchschnittswert zeigt dies jedoch nicht auf.

Grenzerlös und Grenzkosten

Zum vollständigen Verständnis des Ertragsgesetzes und dessen Anwendung im Unternehmen sollte ebenfalls auf zwei weitere Konzepte eingegangen werden:

- Der **Grenzerlös** (GE) entsteht aus dem veränderten Produktionsfaktor und entspricht dem Teil des Erlöses, der ausschließlich der zusätzlichen Einheit dieses Faktors zugeschrieben werden kann.

- Die **Grenzkosten** (GK) entsprechen den Anschaffungskosten für eine neue Einheit des veränderten Faktors.

Solange der Grenzerlös höher ist als die Grenzkosten, macht das Unternehmen Gewinn, auch wenn die Erlöse immer kleiner werden, da die allgemeinen Erträge abnehmen: GE/GK = Ertrag.

Im richtigen Moment

Ausgehend von Ricardos Modell wurden in der Betriebswirtschaftslehre Berechnungsmethoden entwickelt, um festzustellen, bis zu welchem Moment die Erträge eines Produktionsfaktors steigen. So kann die optimale Arbeits- bzw. Kapitalmenge zur Maximierung der Erträge bestimmt werden.

Dieser Schritt ist für Unternehmen entscheidend, da Überinvestitionen ihnen keinen Nutzen bringen: Die Nutzung der initialen Wachstumsanfangsphase ermöglicht es, im richtigen Moment zu investieren, bevor die Erträge des jeweiligen Faktors unvermeidlich abzunehmen beginnen.

Die Erdölindustrie veranschaulicht das Ertragsgesetz besonders gut. Diese Branche wurde eingehend untersucht und einige Wirtschaftswissenschaftler haben sich gar darauf spezialisiert, so wichtig ist Erdöl als Rohstoff für das Weltwirtschaftssystem. Im Folgenden wird die von Ricardo und Marshall entwickelte Theorie daher anhand dieses immer wieder aktuellen Themas erläutert. Erdöl ist ein nicht erneuerbarer Rohstoff. Die Überlegungen unterscheiden sich daher etwas von Ricardos Bodenbeispiel, da dieser (unter gewissen Bedingungen) regeneriert und wieder fruchtbar gemacht werden kann. Ähnlich wie Kohle wird auch das Erdölvorkommen hingegen irgendwann aufgebraucht sein.

Vom ersten Ölbohrloch zu radikal neuen Methoden

Das erste Ölbohrloch erreichte Mitte des 19. Jahrhunderts eine Tiefe von 28 Metern. Bei den heutigen Projekten – bspw. Offshore- und Schiefergasförderung – wird tausende Meter tief gebohrt. Dieses Vordringen in immer tiefere Erdschichten entspricht der industriellen Reaktion auf abnehmende Grenzerträge.

Bis Mitte der 1990er Jahre schien es unmöglich, gewisse Vorkommen, insbesondere in Tiefseelagen, zu fördern. Doch die sogenannten konventionellen Lagerstätten, das heißt die Vorkommen, die sich in einer erreichbaren Tiefe befinden und deren Qualität keine zusätzliche Behandlung neben dem Raffinieren nötig macht, wurden bereits vollkommen erschöpft. Zu diesem Zeitpunkt befand sich die Industrie am Rand der steigenden Erträge, sicherlich in einer Art Gleichgewicht vor der Abnahme. Eine Investition von Kapital (also Bohrwerkzeug), um in tieferen Schichten nach neuen Vorkommen suchen zu können, hätte die Kosten soweit ansteigen lassen, dass die Grenzerträge sofort abgenommen hätten. An dieser Stelle kann angemerkt werden, dass die ergiebigsten, seit langem geförderten Vorkommen eine immer größere Rente erbracht haben, je mehr von den weniger produktiven Vorkommen erschlossen wurden. Im Folgenden wird besprochen, wie diese Rente nach Ricardo entsteht.

Technische Innovation

Die Erschließung neuer Vorkommen wurde durch verschiedene Faktoren ermöglicht. Dazu gehört natürlich auch technische Innovation. Dank des technischen Fortschritts bei Bohrwerkzeugen konnten Erdölunternehmen die Kosten für die Suche nach weiteren Lagerstätten reduzieren. Im Falle von Ölsand, der vor allem in Kanada vorkommt, hat die enorme Weiterentwicklung von Technik zur Trennung des Erdöls von anderem mineralischem Material zu einer Förderung geführt, die zuvor unmöglich gewesen wäre. Wie bereits im Theorieteil besprochen (siehe <u>Das Ertragsgesetz in der Theorie</u>), verschiebt ein Fortschritt im Produktionsprozess den Zeitpunkt weiter nach hinten, ab dem die Grenzerträge nicht weiter steigen. Der Innovationszyklus ist zudem noch nicht abgeschlossen. Die Erdölunternehmen forschen auch heute noch nach neuen Verfahren zur Erschließung von Vorkommen in der Tiefsee, insbesondere der Nordsee.

Grenzkosten, Gesamtkosten und Entstehung der Rente

Bei der Neuordnung des Preissystems wurden die Karten neu gemischt. 1946 kostete ein Barrel 17,92 Dollar (Preisniveau in Dollar konstant im Vergleich zum Referenzjahr 2010 an der NYMEX, der Warenterminbörse in New York). 1995 stieg der Preis auf 23,96 Dollar, was einem Anstieg von knapp über 30 % innerhalb von 50 Jahren entspricht. Die beiden Ölkrisen 1974 und 1979 führten zu starken Preisanstiegen, die jedoch nur von jeweils relativ kurzer Dauer waren. Seit 1996 steigt der Ölpreis allmählich an und ist in dieser Zeit – trotz einer gewissen Volatilität – noch nicht wieder nachhaltig gesunken. Im Jahr 2011 belief sich der durchschnittliche Preis pro Barrel auf 95 Dollar, 2014 fiel er dann jedoch aufgrund einer Überversorgung des Ölmarkts und sank bis 2016 unter 30 Dollar. Seitdem steigt der Preis (aufgrund der Limitierung der Fördermenge) allerdings wieder.

Der allgemeine Anstieg des Ölpreises wird durch eine stark wachsende Nachfrage verursacht. Ende der 1990er Jahre schreitet die Globalisierung enorm voran und die BRIC-

Staaten (Brasilien, Russland, Indien und China) werden zu starken Wirtschaftskräften. Für die Erläuterung der abnehmenden Grenzerträge und der damit einhergehenden Rente ist das Verständnis der Preisbildung unerlässlich. Durch den Druck der Nachfrage wurde die Förderung von Kohlenwasserstoffen forciert, die bis dahin nicht erschlossen werden konnten, da sie zu den unkonventionellen Lagerstätten gehören. Zudem sind bei neuen Fördermethoden die Kosten pro Einheit für den Erdölproduzenten höher als bei herkömmlichen Bohrungen.

Zur Vereinfachung des Beispiels wird angenommen, dass die herkömmliche Erdölproduktion den Förderer 1 kostet und zu 2 verkauft wird. Das nichtherkömmliche, mit neuer Technik geförderte Erdöl kostet 1,5. Um eine ähnliche Marge beizubehalten, bietet das Erdölunternehmen sein Produkt nun zu einem Preis von 3 anstelle von 2 an. Welche Kunden würden jedoch ein Produkt für einen Preis von 3 kaufen, wenn sie es auch für 2 bekommen können? Auf einem stark umkämpften Markt mit Überangebot wird sich ein Produzent, der sein Produkt zu einem Preis von 3 anbietet, nicht etablieren können. Der Markt der Kohlenwasserstoffe ist jedoch weit von solch einem optimalen Wettbewerb entfernt, da er von einigen sehr mächtigen Wirtschaftsakteuren wie beispielsweise der OPEC (Organisation erdölexportierender Länder) kontrolliert wird. In der Regel liefern sich weder die Länder noch die Unternehmen einen Preiskampf. Das bedeutet, dass eine teure Förderung von neuen Lagerstätten zu einem Preisanstieg bei der gesamten Produktion führt. Die bestehenden Produzenten mit niedrigeren Preisen passen also ihre Verkaufspreise an die der Neuzugänge an. Dies erklärt zumindest teilweise den starken Preisanstieg von Erdöl in den letzten 20 Jahren. Dabei entsteht natürlich eine Rente, da die bestehenden Produzenten aus der neuen Situation Profit schlagen, welcher aus der Differenz zwischen den Kosten für die Förderung von herkömmlichem Erdöl und den Kosten für die Erdölgewinnung aus Kohlenwasserstoffen entsteht.

Das Beispiel zeigt also, dass Ricardos und Marshalls Theorie der abnehmenden Grenzerträge und des Entstehens einer Rente weiterhin Gültigkeit hat und auch aktuelle Wirtschaftsphänomene erklärt.

ZUSAMMENGEFASST

- Das Gesetz der abnehmenden Grenzerträge beruht darauf, dass zu Beginn dort gearbeitet wird, wo die Arbeit am ertragreichsten ist. Erst danach werden andere Ressourcen genutzt, wenn die Nachfrage die anfänglich genutzte Ressource übersteigt.
- Dabei wird folgender Ablauf eingehalten: Nach einer ersten Wachstumsphase stagniert der veränderte Produktionsfaktor relativ kurzfristig und nimmt schließlich ab, wenn nicht anderweitig eingegriffen wird.
- Das von David Ricardo am Beispiel der Landwirtschaft entwickelte Wirtschaftsgesetz wurde von Alfred Marshall vertieft und auf weitere Wirtschaftsbereiche ausgeweitet.
- Die Grundlage stellt hier der Grenzertrag dar, der dem Ertrag einer zusätzlichen Einheit eines Produktionsfaktors entspricht.
- Durch die abnehmenden Grenzerträge entsteht eine Rente für die Besitzer der ersten produzierenden Einheiten, da diese ertragreicher sind als die späteren Einheiten.

- Die abnehmenden Grenzerträge führen nicht zwangsläufig zum Niedergang der Wirtschaft, sondern fördern Innovation – bezüglich Produkten, Prozessen, Organisationsmethoden etc. –, weil Unternehmen ihre Produktivität aufrechterhalten bzw. ihre Effizienz und damit ihre Leistung erhöhen wollen.

Ihre Meinung ist uns wichtig!
Hinterlassen Sie doch einen Kommentar auf der
Seite unserer Online-Buchhandlung
und teilen Sie Ihre Favoriten in den sozialen
Netzwerken!

DARÜBER HINAUS

LITERATURVERZEICHNIS

- Chaize, Thomas: „Coût de production, coût marginal et prix du pétrole (21.02.2012)". *Petrorama*. Webseite mit Artikeln über die Marktentwicklung verschiedener Rohstoffe (auf Französisch). http://www.dani2989.com/matiere1/marginalcostoil0212fr.html (31.07.2018).

- Jessua, Claude: *Histoire de la théorie économique*. Presses Universitaires de France: Paris 1991.

- Mansfield, Edwin: *Managerial Economics*. Norton: New York 1993.

WEITERFÜHRENDE LITERATUR

- Hüpen, Rolf: „Die Marshallschen Regeln". In: *Wirtschaftswissenschaftliches Studium (WiSt)* 17(5 1988). S. 243-246.

- Ricardo, David: *Über die Grundsätze der Politischen Ökonomie und der Besteuerung*. Aus dem Englischen von Heinz D. Kurz. Metropolis-Verlag: Marburg 2006.

- Smith, Adam: *Der Wohlstand der Nationen. Eine Untersuchung seiner Natur und seiner Ursachen.*

Hrsg. und gekürzt von Georg von Wallwitz. Aus dem Englischen von Horst Claus Recktenwald. dtv: München 2018.

- Stapelfeldt, Gerhard: *Der Liberalismus. Die Gesellschaftstheorien von Smith, Ricardo und Marx.* Ca Ira: Freiburg i.Br. 2006.

- Wöhe, Günter; Döring, Ulrich: *Einführung in die Allgemeine Betriebswirtschaftslehre.* Vahlen: München 2010.

SCHMÖKERN SIE SICH SCHLAU!

www.50Minuten.de

www.50Minuten.de

ISBN digitale Ausgabe: 9782808009935

ISBN gedruckte Ausgabe: 9782808011433

Pflichtexemplar: D/2018/12603/318

Cover: © Plurilingua

Digitale Aufbereitung: Primento, der digitale Partner der Herausgeber